JN419622

상자에 안심(安心)을 담는다

강필중 시집

반달뜨는꽃섬

상자에 안심(安心)을 담는다
강필중 시집

인쇄 2025년 10월 17일
발행 2025년 10월 28일

발행인 이은선
발행처 반달뜨는꽃섬 [서울시 송파구 삼전로10길50, 203호]
연락처 T. 010 2038 1112 E. itokntok@naver.com

ISBN 979-11-91604-58-0 (03810)

상자에 안심(安心)을 담는다

의문은 제자리에서 정진한다.

2부

1부

입문

아파트 구층 높이도 추적추적
비는 미련도 스타일로 갖는다
나는 스타일을 탐내고 있다가
자신을 음미하는 미련의 형식
새로운 내용 하나 가다듬는다
대상이 잊히는 자존의 스타일
추적추적 비에 입문하고 있다

비의 무게

비가 진중하다는 말 아시는가
우울도 들떴구나 찰싹 붙이라
추적추적 내리며 바닥을 핥아
핥은 흔적마저 핥아버리는 것
바닥을 핥아 개보다도 개답게
너절한 것보다도 더 너절하게
더 내려앉게 진중하게 포도에

능험(能險)

지극히 평범한 하루는

지극을 빼와야 하는데

평범이 지극한 하루가

수상한 낌새를 풍긴다

풀밭을 거닐고 있는가

풀잎을 거닐진 않겠지

풀잎의 사두를 밟겠다

사두: 蛇頭

육포

횡단보도의 전폭적 차단

합승차량이 시야를 가려

확인하고서 첫발을 뗀다

죄송합니다 태연한 반응

생각하기로 깡마른 육포

비상식량을 받아든 듯이

건너가면서 곱씹고 있다

세심

현관문에 붙는 전단지

짜증도 세심하면 이래

미끄러짐이 없는 계단

중간쯤에 접어서 턱에

걸쳐놓고 딛으라 하나

갑자기 피하게 되면서

위험을 더하는 것이다

괴근(怪根)

엘리베이터 안 버거운 짐
내려놓을 듯 들고 있기로
내려놔 쭉 그러고 있든가
조롱이 더 문제가 되는데
결벽이 괴벽의 옷 입다가
괴벽이 결벽의 옷 벗는다
신언패 네 목에 걸어주랴

신언패: 愼言牌

전가

책임을 물건에 전가했다

사용자의 주의가 부족해

커피포트 손잡이 뜨거워

아래를 쥐어야만 안전함

요령이 없다는 반박까지

자기는 괜찮다는 철옹성

소리를 내지르는 실점행

실점행: 失點行

풍경의 압박

왜 겨우 앉아있나 했었다

묵직하게 야윈 겨울 말고

더위도 아닌 여름의 초입

특장이 없이 압박을 한다

무엇을 내놓을 수 있냐고

통과할 만한 가치가 있는

관문은 바로 그런 것이다

행목(幸木)

끝 마른 잎 몇,

드리운 힘 줄어

눈에 닿는 수고

미풍 이는 중에

온데간데없는 벽

늘 같다는 자리

증발은 순간의 공(功)

행목(幸木)
풀어쓴 버전

행운목 잎들 밑에 머리를 둔다

끝 마른 잎들 건들건들 드리워

눈에 와 닿는 수고로움 있는데

이 교류 중에 온데간데없는 벽

미풍 아니면 부빔 스치는 중에

제자리를 들어낸 이 다른 자리

변함은 거기서 없어야 하는 것

사족: 발코니에서 대각으로 바깥을 향할 때 서는 행운목 바로 아래의
자리에서.

만하(晚夏)

낡은 선풍기 미풍에 두고

낡은 귀로는 매미를 받고

이걸 옮기는 사소한 행위

울고 울리는 몸통의 울림

온몸 고르게 고르게 나도

심장 나서랴 나서랴 자성

숨만 쉰다는 발성의 사소

자성: 自性

사소(些少)

사소사에서 일과 대등함

그것이 은거의 본질이다

사소사만큼 사소한 사람

소인국에서 소인이 되는

불가능을 실행한 인물이

자기 바람을 빼냈다든가

탈자의 사건 있었다든가

탈자: 脫自

은거

선풍기 손보고 선풍기 들였다

박힌 돌 잘 박혀 있다

금 간 날개 주목 받아

해체해 뒀더니 주문을 했구나

그거라도, 라도의 그 전(前)

은거가 이루어지는

고른 사소(些少)의 공간

폭우

창가에 섰든 처마 밑이든
전폭적 지지를 보고 있다
허공은 장악도 하는 게다
눈앞 허공을 장악한 직하
무심의 힘이 꽂히고 있다
나를 대신할 수는 없는데
그래도 좋겠다 입을 뗀다

입장

비의 입장에서 물 폭탄은

과격한 걸까 적당한 걸까

모든 조건 고려해보니

그것이 외길이고 모든

외길은 적당한 것이라

입장을 받아들일 수 없을 뿐

그 뿐에 인간이 걸린 것인가

스톡홀름

나무로 다듬다 만 아니

너무 다듬다 꼬리 자른

주로 작은 말들 가득한

꼬리 없음의 예술 중에

그것 부각된 중간 크기

그것 부각한 화장의 변

붉게 곧추선 놈 사둔다

화장의 변: 花裝의 辯/瓣

대상(對象)

대상은 타자가 아니므로

타자는 여지가 없으므로

불가해 하나로 있으므로

타자를 범하지 않는다는

대전제 예술의 출발이라

꼬리가 떠나고 나왔구나

나만의 말이니 보여주마

불가해: 不可解

진적(盡赤)

붉은 말은 한여름에 달려와

백일의 홍 뿌리는 식(式)

붉은 땀방울 공중에 맺는다

속만 붉을 일인가

속은 하얄 수도 있다

몽땅 달려나갔으니

태양 같은 여유 있겠는가

적인(赤吝)

매우 인색해 그랬든

창백 직전에 토했든

붉은 땀방울 튀었든

뒤돌아보고서야 본

가지꼭대기 백일홍

무궁화 꽃술 돌기들

분방해보였던 직후

홍풍(紅風)

자세히 볼 일 만들 건 없는데
백일의 홍 열린 꼴 처음 본다
초록 봉오리 닫힌 채 붉은 실
갈라질 금마다 뚫고 나 왔 다
탯줄은 종신행 끊지 않 는 다
허공에 붓 찍어 번지게 한 듯
형 태는 형보다 태가 붉은 듯

종신행: 終身行

무심

시치미는 떼라고 있지

언제 그랬냐는 듯

폭우에 수해가 번져

도로 가옥 전답 잠긴 채

인명도 또 앗겼다

비 갠 하늘이 지향하는바

시산(屍山) 위 교교한 달빛

친구

내생에 얼마나 큰

위로를 받을 셈에

마저 잃는가 아들

아비만 남은 지금

아비로만 남는 생

전면을 나로 채운

급전의 요구 있다

급전: 急轉

개현(開現)

꽃이 처음 필 때

해가 처음 뜰 때

먼 옛날 아닌 때

이 나이 먹기 전

그 어느 한 순간

이 나이 먹고 난

자 지금 이 순간

극한(極旱)

강릉의 첫경험 극한

절대의 결핍이 들어

이제껏 모르던 빗물

절대의 가치가 된다

무사한 일상의 장막

무너진 일상이 걷고

기억이 가치를 싣고

극한: 극심한 가뭄
첫경험: 첫 경험

풍경(風磬)

절에 가야만 하는 건 아니다

아파트 발코니 베란다 한 곳

문 열어두면 방 안도 좋겠다

긴 무더위에 잊고 있었던 것

풍경이 먼저 절은 상기할 뿐

울림이 먼저 바람은 따를 뿐

성분과 풍종 걸러낸 더 맑음

풍종: 風種

심화(尋花)

꽃으로 들킨 도라지

도라진 꽃을 찾아라

아버지 따라 금학산

살피고 다닌 중학생

가장 소중한 모습의

아들 품고는 내게만

꺼내 보였던 아버지

무종(無終)

시작은 끝이 있어

목숨의 시작 있고

목숨이 끝이 있다

시작만 있는 그것

시작이 있었지 그

끝은 없는 사랑이

숨만 거두고 있다

몽각(夢覺)

꿈속의 꿈에서는

꿈으로 깨어나니

현실에서 꿈으로

깨어나는 몽각은

파란만장 가미한

남가일몽 로맨스

일장춘몽 실하다

사족: 꿈보다 더 꿈같은 현실은 꿈으로 깨어나는 하나의 방향을 갖는다.
꿈의 실(實)에 대한 갈망이 일장춘몽을 구원한다. 허망의 굴레로부터. 로
맨스 드라마의 대중적 인기에는 그런 뿌리가 있다. E. A. 포우의 「꿈속의
꿈」 참조.

화암(花暗)

꽃은 깊은 어둠

보고 또 보면서

내 적당한 어둠

꽃 앞에 놓는다

꽃 구할의 깊이

나 일할의 그것

성장의 꿈 있다

성장

죽는 날까지 성장하기를

육신은 얇아지면서 돕고

아집은 흩어지면서 도와

깊은 어둠은 차오르리라

꽃이 떠올라 산뜻하리니

그런 꽃으로 피어있기를

일푼 남아서 절정이기를

일푼: 일할의 10분의 1

배롱나무

새들은 허공에 뿌리를 내리지
배롱나무는 하늘 향해 내렸을
뿌리가 미끄러져 땅에 박힌다
원숭이가 떨어진다는 그 나무
미끄러지지 않는 붉은 백일만
가시에 찔리지 않는 장미처럼
제 고유의 음색으로 존재한다

안부

지나치려 하면 날 먼저 알아보는

오래 전부터 존재를 알아온 사람

시 쓰시죠 시집 내신 시인이시니

내 쪽의 알아봄에 근간 수필집을

이십여 년 한 아파트에 살아왔음

나의 동 및 호에 넣어두겠노라고

각자의 정확한 위치 처음 묻는다

선(禪) 13

단(單)은 편(片)이 아니다

단자(單子)는 내

우주이기도 하다

지금 어떤 파편에 긁히고 있나

요지(搖之)는 편편(片片)이요

부동(不動)은 단단(單單)

일이관지, 관류한다는 것

선(禪) 12

성장의 심장이 멈춤

지금의 경제가 죽고

지금의 인간이 죽고

지금의 유령이 죽고

죽음은 이루는 건가

상상이 사라진 경계

자신의 어둠이 된다

선(禪) 11

나는 그림자가 있으니

그림자처럼 붙지 마라

내 그림자 무사심이니

사심의 밀착 사절한다

왜 그림자로 따라붙어

그림자의 암세포인 듯

증식하고 있는 것이냐

선(禪) 10

고맙다는 맘

그렇다는 말

존재의 중심

주변의 나는

잊혀도 좋아

사람이 오는

유일한 소리

선(禪) 9

머리를 감는 절차가

절차라 허탈한 차에

의미는 부여해 본다

내일을 몽땅 표절해

여생의 마지막 날을

베끼고 있는 오늘의

능숙한 손길 느낀다

선(禪) 8

똥개의 감사의 뜻

똥을 물고 온다는

참으로 난감한 뜻

받고 나서 치울까

번번이 그리 할까

뜻을 물고 왔는가

똥을 물고 왔는가

선(禪) 7

토사의 방향을 튼

가옥 뒤 나무 셋,

보호한다는 것은

물리적인 것이다

그런 물리의 언어

뿌리 깊은 자리에

은거하는 것이다

선(禪) 6

보이지 않는 작은 배

그리고 이명(耳鳴)의 드센 바다

소리만 또렷하면 보이지

않음이 무슨 문제이겠나

내 안의 바다 그리고

거기 들어선 작은 배

내가 들어선 작은 배

선(禪) 5

귀에 댄 시계 텅과 통

그 사이 어디 속이 빈

속이 빈 듯 맑은 소리

살아가니 살아있다

살아있으니 살아가겠지

그리 말하면 잘못

숨만 쉰다 말하면

선(禪) 4

단칼은 단(單)칼이다

두 번 쓰지 않는다

단번에 끊어 낸다

하나가 도태되면

남은 하나가 갈라져

마주보기도 한다

상생의 차이로

선(禪) 3

허공이 얼마나 힘들었겠나

제가 있다면 제딴은

학교와 병원 건물 파괴되는

피어오르는 소리 소리 소리

허공이 아니면 감당하겠나

걸려 넘어지는 발들

허공은 은폐가 없지 않겠나

선(禪) 2

스타벅스 2층 한가득 젊음

공부하든 대화에 빠져있든

시간을 쫓아냈다 성가시다

내가 시간이다 크로노스야

입을 다물어라 헤어지기를

시간이라는 네 이름만할까

허공과 재회하는 허상들이

선(禪) 1

걸으면서 걷는다

걷으면서 걷는다

걷으면서 걸어간

걸음걸음 무엇을

걷었는지 모른다

걷었다는 사실만

걸어가고 있었다

이명(耳鳴)

이명이 환청은 막아주겠지

이명을 뚫고 들어오는 설거지

접시들 미끄러지듯 스치는 소리

헹군 것들 먼저 놓이는 소리

수저들 한 움큼 손에서

펼쳐지며 부비는 소리

상주하는 이명이 저를 잊는 소리

2시 11분 전

시계 사진에 떡하니 박혀

무엇을 하고 있는 것인가

민망할 틈도 없이 거기서

대표가 되어 있는 처지를

깨닫는 자각의 시간 하나

시간을 각인한 시각 하나

사건과 회상도 있을 눈금

피뢰침

양평 용문사 천년 넘은 은행나무

벼락이 참으로 부당하다

할 수 없는 것이다

참으로 가능한 낙뢰의 때림

하늘 찔러가는 영뢰(迎雷)의 침,

자연에 순응하는 인위로 섰다

첨단의 보살핌으로

푸르른 날

가슴이 저미는데

이렇게 푸르다니

이것이 호응인가

푸르름 더해가니

이것이 촉진인가

그리움 사무치라

푸르른 신체인가

님은 침묵인가

외로움은 독 그리움은 약

외로워 사나 그리워 산다

혼자 남았다 그리움 짙게

내가 찾아온 여기서 님이

말을 붙여오는 것 아닌가

혼잣말 하고 있는 것처럼

그렇게 보일 뿐인 것이니

해탈

더 이상 나아가지 않는다
나날이 이미 나아가 있다
뒤처짐 없고 답습도 없다
어떤 전진의 주장도 없다
진보는 새삼 무슨 진본가
퇴보와 답보의 업보 따라
진보의 요구 드센 것이니

유랑

목적지는 없고

이정표는 있는

정처는 없고

정처 없음이 있는

유랑의 행보

길 따라 흐르는 자여,

그대 따라 길이 흐르네

전망

눈앞의 칠흑 전망이 있다

기존의 길들 보이지 않는

감동의 시험 시각의 체험

보이지 않던 어둠의 망라

한번에 거둘 기회의 비전

눈앞의 칠흑 뚜렷이 본다

뚜렷이 봄이 전망이 된다

시험: 視驗

비가 그치고

빗기 머금은 잎들은 내려와
머리가 비키자 어깨를 치고
비는 공기의 무게로 남는다
세례를 받은 것인가 먼지는
후각의 맛을 선보이고 있다
폐로 가볍게 파고들지 않고
코에 두텁게 머무르는 우후

우후: 雨後

이발

묘연과 태닝 사이

미용실 하나 젊어

정성이 비교 없다

젊음과 젊음 사이

비교가 살지 않아

하나의 작은 절대

그것을 짚는 칭찬

묘연: 고양이 클리닉 이름

작은 창밖이

누군가 남아

그게 나인가

작은 창밖이

굵은 눈송이

툭툭 내리는

병실 침상의

가없는 온전

온전: 온전함 穩全

우적(雨滴)

이미지가 어두운

반짝이는 실물이

생소하게 행복한

무엇인가 똑똑똑

너에게도 자각이

빗방울로 듣기를

2부

유격(有隔)

좌회전 덤프트럭이

회전점선 안쪽으로

신호대기중인 내게

덤벼들어 스쳐간다

감속은 내팽개치고

눈앞에서 벌어지는

충격의 예감이랄까

현실감이 사라진다

꿈결로 당하는구나

닥치는구나 꿈처럼

치욕도 그러하리라

현실로 튀어나오는

공포는 뒷북이구나

유격이라 하겠으니

현실감은 후념이라

분노

분개만 하다보면 나랏일도

비근한 일상으로 전락한다

저류로 흘러 지치지 않는

분노의 반년이라는 시간,

천박한 분개를 이겨냈다

정의는 분노와 결합하고

분개는 불의에 놀아난다

큰일에는 분노하는 것이라

사월(四月)

가장 잔인할 뻔하지 않았는가
남아있는 한기는 사월의 자각
꽃잎은 떨어진 만큼 날카롭게
봄을 반증하고 한봄의 겨울이
망각으로 내려앉지 않은 사월
의식의 귀퉁이 하나만 있어도
꽃눈 되어 버티고 있었겠거니
가는 빛줄기 광명으로 통한다
어둠을 갈라 나오는 빛살처럼
마지막이야 그런 의미를 심고
거듭나기를 함께 바라고 선다
한기 머금은 향기가 기다린다
밖으로 나와 느리게 걸어보라

희귀한 성취겠지 지족의 향기

관(觀)

세계는 관이다 가치도 관

관의 자부가 없는 세계는

방치된 것이고 그것 없는

가치는 욱여넣은 것일 뿐

확증 편향의 파편이 박힌

관점이 없어도 좋은 오기

집단이 이기의 명분인 듯

파편 하나로 적시한 구체

나의 전부인 지독한 추상

군주의 위세에 대한 갈증

흡혈에 목이 마른 열패들

민주 아닌 민종의 근성에

자부 자존 품격이 깃들랴

자아도 관이다 주의가 관

민종: 民從

주의: 主義

꺾여서

꺾어서 직진하나

꺾여서 직진하나

꺾임을 당하고는

자신이 꺾었노라

은폐를 해놓고는

망각을 영접한다

있어라 꺾여서는

그대로 제자리에

남아라 몽상가로

방향타 잡기까지

꺾이고 직진해서

어디로 가려는가

꺾임은 자체로는

열패가 아니로다

맹진이 열패로다

맹진: 盲進

부정선거

의혹이 증폭되는 것은
입증이 없기 때문이다
크면 클수록 입증불가
불가의 이유 사실무근
불가와 무근 내리쳐서
촘촘한 합리의 그물망
찢어버리고 세상의 틀
부수겠다는 괴력의 꿈
맘대로 해대는 자유의
폭거에 이끌린 아이야
비명인 것이냐 그것이
그런지 모르고 지르는

자유?

막혀 있다 터지는 음성

뜻이 고이고 고인 갈망

쌓이고 쌓인 삶의 고동

의미가 충일한 소리

소리로 먼저 나오고

농축된 의미는 뒤따라

출로를 타고 흘러난다

축적의 내력 하나 없이

빈 수레 자유 요란하니

부당한 억압 있었던가

어떤 저항 하는 건가

묻게 되는 탄식의 날

박제된 자유 흉기화한

독재의 역사 소환한다

자유는 민주주의의 숨결

박제되어 앞장서지 않아

자유민주주의의 그것처럼

민주주의에 올라타지 않아

심장을 꺼내 보이지 않듯

입에 물고 다니지 않듯

민주주의 안에 있다 그것

첨단

끝만 뾰족하게 갖다붙인
첨단(添端)이 이단이다
제가 첨단(尖端)이란다
본체도 없던 이단이

조심하라던 세 끝이 있지
혀끝 손끝 좆끝
어디선가 날아와 붙은 듯
함부로 놀리는 이단이

정통을 벼린 첨단을 알랴
사무친 고요와 침묵의
천상을 관통할 예리함

도저히 견디다 나오는 것

이단이 난무하는 세상

실없는 괴벽과 성냄도

신속한 이단일 것이다

꺽이면 벼리지 못하는

해묵은 정통이 고루해

말단에 기생이 붙는다

뿌리야 몸체야 온몸이

정신을 벼려야 산단다

과거로 나아간다

과거로 나아간다

을사년 늑약으로

올해가 을사년인

진보로 나아간다

돌아가 바꾼다는

퇴보의 판타지는

영화도 사양하지

과거가 진보하는

역사의 미래지향

의식의 현재로다

독립의 결기만큼

추모가 박동하는

오늘이 있겠는가

파도

밀려와 부서진다

포말이 일어나고

잔해가 물러간다

하나가 하나하나

하나씩 부서지나

무엇이 부서지나

반복의 주술처럼

죽음은 수거되듯

끝없이 사라지고

생기만 환영처럼

눈앞에 아득하니

파도를 관조하는

하루씩 하루하루

심동이 있으시라

생기: 生起
심동: 心動

해당화

네가 바다를 바라보듯
바다도 널 바라본다지
바다의 시선 위안일까
불가능도 장관이 있어
압도하는 간극이 있다

끝없이 다가오는 눈들
특정할 눈이 있겠는가
어떤 눈을 바라보면서
기다렸다 토로할 건가
사랑한다 울먹일 건가

결정적인 하나의 시선

찾지 말라는 눈들인가

님의 시선이 이다지도

끝없이 바뀌어 오는가

바라보니 가없는 변신

시린 기쁨

춘삼월 시린 기쁨

홍매 봉오리 내밀하다

삼월의 꽃샘 한기

표독이 주변을 지킨다

삿된 다정에 녹아

탄력의 촌각 잃을까봐

벌어지기 전 꽃잎

몽친 그대로 몽쳐있다

아쉬움 남지 않는

내일의 홀연함을 위해

시점을 잡지 않은

절정은 예감으로 짙다

하루에 한번

바람이 일 듯 귓속에서
나를 부르는 목소리라
하루 한번씩 불리기를!
불렸느냐 묻지 않는다
묻지 않음이 핵심이다
어떤 미래를 대비함은
그대의 일이기도 하다
하루의 시작이나 끝에
아니면 한복판에 한번
귓속에 이는 애칭으로
하루를 승인하고 마는
혼자인 나날들이 온다

비선대

강선(降仙)이라 하지

선녀는 이름이 없고

선녀의 군욕(群浴)

신원을 모르는 황홀

미끈한 바위 파고든

권문세가 이름들

인욕 강요하는가

암벽을 오르는 이들

이름은 새기지 않아

척산 온천에 몸 담가

탕 물에 이름을 쓰지

키츠의 묘비명 따라

키츠(John Keats)의 묘비명: "여기 누운 이, 이름이 물에 씌었다."
(Here lies one whose name was writ in water.)

당신(當身)

또 하루 옵니다

동일자(同一者)의

변주로 무난할지요

매일 조금씩 바뀌는

정해진 하루 있던지요

꼭 있는 것처럼!

먼 옛날 어느 하루가

어떤 변절의 죄 지어

기껏 작은 변화 허용된

또 하루로 오게 됐는지

하루의 암묵적 이데아는

나날이 털고 가는 것,

하나의 주제는 그날그날의

변주로만 나타날 뿐,

당신이 당장의 몸으로

또 하루 등장합니다

달

홀로 있다고 홀로 있는 것인가
홀로 있으면서 홀로 있지 않고
홀로 있은 적도 없어서 외롭다

홀로 있으면서 실로 홀로 있는
저 달은 잔인하거나 신기한 것
잔인하고 신기한 저 건너 세상

존재의 행태 저대로 있다는 것
이 우주에 홀로 있음을 견디는
견딘다는 것과 갈라선 저 행태

외롭지 않다는 홀로 있는 행태

저런 것이 싫어 일찌감치 우리

홀로 있지 않기로 언약을 했지

그 언약의 나무에 달린 외로움

나는 지금 홀로 있다는 열매가

끝없이 달리는 인간의 이 폭주

두 개의 달은 달에게 불길하다

오랜만에

홀로 혹은 혼자 걷는다

고개 조금 돌리면 보는

흔한 붉음에 이르기 전

제 한계까지 덜 붉은 듯

붉어버린 잎들과 은행의

제 한계 없이 더 노란 잎

한계 운운 동계(同系)라는 것

너까지 끌어들인 동계(同界)도

좋고말고 네가 지금 이

바깥에만 있다는 가설은

매우 탐나는 무성한 행보

이름보다 존재 같은 행보

존재보다 내면 같은 진입

어떤 연가는 이리 나오지

이상(李箱)

참으로 기이한 것이 마음의

지형일 뿐이면 뭣이 문제랴

정확하기 짝이 없기로

그만한 것이 있겠냐는

참으로 기이한 평이 있을지

정확해지는 유일한 길,

자기에게만 정확하면 된다

기이로 안심을 하면서

상자에 안심을 담는다

기이에 놀랄 뿐이라면

상자를 열지 않았어야 한다

꽃나무 같은 안식처 있을까

막다른 길이 적당한

안심의 품질이 있다

꽃나무: 이상의 시
"길은막다른골목이적당하오.": 오감도(烏瞰圖)에서

겨울의 마음

날씨가 위험하다

멀쩡한 날씨가

위험의 배경이다

험지로 떠나잔

설득이 먹히면

배반의 불시에서

도피하는 것인가

정신이 얼어붙는

혹한 속에서

모든 불시가

차단되고 난

그 완벽함에

빠진다는 것

헤매지 못하도록

불시: 不時

동언록(凍言錄)

있는 그대로는

있는 그대로

알지 못한다는 것

이미 도래한

때를 기다리는

뒤처졌다는 마음

당장은 묵언도 좋아

녹아들지 않고

생경하게 굴러다니는

얼어있는 말들

왜 빛은

왜 빛은 한 치 앞이 안 보이는

어둔 밤으로도 나타나는지

반어법의 대가(大家)인지

'어둔 길'에 '길'이 있지

풀 하나도 인동(忍冬)의

디앤에이가 있는데

빛도 암야(暗夜)의 그것

있으므로 빛뿐인 것

그 뜻이라 광명천지

빛은 자신이 나아가는

길로 현상한다

안팎

경험이 밖에 나온다 자기 안에서

경험 안이 안팎, 그

변성이 예술이다 경험 안에서

안팎이 피가 통한다

밖이 안에 있는 단자(單子)

자기를 보는 내적 요소, 밖

그것이 있어 경색이 없다

들락날락 아니다 안팎은

온전한 고통이기도 하다

박동하지 않고 고통이랴

변성: 變成 ('회복'이기도 함)

시린 양말

힘들어하는 나를 챙겨준다

관조하듯 지켜보는 보살핌

지켜봄이 최상의 챙김이다

힘들어하는 저 나

말없이 보고 있는

내가 있는 것이다

그 내가 생소해도

이제 나 두터웁다

바닥 구석에 남은 시린

실내 양말 그것만 줄곧

바라보는 그 눈을 보는

다른 눈이 있는 것이다

춘래(春來)

봄이 절벽처럼 임박한

삶의 마지막 노고

눈을 뜨니 개나리부터

윙윙 벌꽃도 풍성

고개 돌려 올려다본다

살이 오른 병아리

그대가 보여준 동양화

봄이 그리 왔는가

먹먹하네 정겨운 온기

망자께도 오신 봄

사후(死後)라는 액자
'춘래(春來)' 해명

그런 말을 왜 던지는가

납득할 수 없는가본데

특정하면 바로 떠나는

구체성을 시가 지닌다

보는 대상일 뿐이었나

훤칠한 친절한 고귀한

젊은이가 어느 여름밤

집에 돌아와 머리에

총알을 박은 이유를

특정하지 않는 데에

추정에 빠지지 않는

심동의 구체가 있다

왜 그런 짓을? 의문은

제자리에서 정진한다

그 자체로 심동인 것

봄의 정경 받아서는

여기만 두기 아깝다

사후라는 액자에 넣어

망자라는 분께 보냈지

거기도 이 봄이 왔노라고

눈앞에서 맞지 못한 봄이

귀신을 부른 것도 아니니

기일인 것도 아닌 것이지

경계를 넘어 공유하는 것

춘삼월 봄을 맞는 마음이

작품 하나 짙은 담박함이

폭과 깊이 더한다는 생각

그러나 그것이 그리 쉽게

되는가 편한 정신 하나로

어처구니 찾는 것 하나로

사족: 젊은이 이야기는 영시에서 가져온 것.

슬픔의 성소

구르는 돌은 이끼가 끼지 않는다
나는 이끼가 좋아 구르지 않는다
선생과 나는 사과 얘기 나누었지

박신양의 사과가 슬픔의 성소를
세잔느의 사과에서 보게 했던가
허물어지는 순간 순간 사과다움
의문을 뛰어넘어 세잔느의 사과
속으로 스며들었다 성소의 개현

아름다운 옹근 생기의 순수슬픔

언젠가 나는 허물어지는 여인의

의문을 뛰어넘는 여인다움 그것

완벽히 젊은 초상화에 스미도록

분투하여 눈에 넣고 서있으리라

성소의 현존을 지성소의 매혹을

이끼 두르고 구르지 않는 사람을

알아볼 수 있다면 나도 이제야

나를 하나 짚는 셈법은 챙겼으리

눈물

심저(心底)라는 게 있고

거기 생물이 있군

꼭 이렇게만 보인

출처가 얕지 않네

그러니 그 생물을

안아보는 게 맞지

생각하면 할수록

신비롭지 않을까?

눈물

아비를 향한

늙은 자식의

안으로 고인

사랑이 있어

편린들 더러

빛을 발하면

물고기 하나

생기하는 일

비늘 돋아라

염두에 그만

꼬리에 가서

멈출 때까지

염두: 念頭

구김살

없다고들 쓴다

없다고만 쓴다

자체로는 오직

없어야만 맞는

자기부정 비춘

개운함이 있다

구김살이 없는

사람들이 산다

지우면서 실로

나타나는 자기

자기부정: '부정'은 있는 말이 없는 것으로 쓰인다는 의미로, '반존(反存)'이기도 하다.

숫자가 바뀌기 직전

시계의 날짜창 본다

숫자가 바뀌고 나면

바뀌기 직전 가졌던

긴장이 길을 잃는다

시계가 신기한 것이

숫자가 바뀌기 직전

아무 일도 일어나지

않을 것이 분명해도

주시하게 한다는 것

1일 2일 밤 12시 다

허구일 뿐인 것들이

각각 정확하다는 것

요망한 시계의 놀이

기능과 외관의 세계

시계에 빠지고 만다

시계는 동일자의 그

영원한 회귀처럼 내

시간의 상승과 각성

필요한 전환의 시점

그것을 보여주는 틀

오늘 당장의 시간을

시계에 비추어 본다

기분의 변주에 대한

시계의 요구가 있다

소박한 행복이라니 뭔 소린가

공기와 물이 맑디맑은 대고원
방목과 귀소의 하루와 아이들
행복이라는 말이 생성되기 전
제가 아는 한계치에 도달하여
소박하다는 문명의 언어 멀리
자연의 지극함 누리고 산단다
궁핍한 시대의 시인의 존엄함
따로 찾을 내면세계 있겠는가
부를 축적하지 않는 근대이후
문명의 개벽 이후가 가능할지
몰아오다가 물에 빠뜨리는 양
씻기고 끌어내는데 씻어낼 것
붙이고 살면서 우리는 소박에

집착하는가 위안의 언어 삼아

언어로부터 자유로운 오랜 삶

어쩌면 심연처럼 품어야 하며

어설픈 잡다한 빛들 담가버려

깊이의 경험은 어두워야 하리

아침 해부터 거기서 솟아올라

밝음의 깊은 출처가 내면이라

비교해서 바라볼 앞이나 옆이

없다는 생각이 생성되는 깊이

아녀자가 웃는다 자의식 없이

미얀마 강진

천 킬로미터 떨어진

방콕의 고층건물 붕괴하다

수만의 사망이라도 그럴만하다

해야만 위력이 인정되는 것인지

원폭 334개의 파괴력과 같다는 건

무엇을 의미하지 않고 있는지

밝혀진 수는 빙산의 일각이리라

자연스럽게 따라오는 그 상투(常套)가

이르지 못하는 데 죽음이 있다

사망은 죽음에 이르지 못하고

죽음은 바로 사망에 다가오지 않는다

죽음은 사망 이후의 일, 산 자의

기반이거나 기반의 없음이다

기반의 없음이라는 기반 말이다

산 자의 잿빛 미래, 죽음의

이런 규모는 가늠할 수 있는가

스피노자
완전(完全)이란 무엇인가

유익한 사물 유해한 사물

사물의 유익한 상태 유해한 상태

자연의 질료가 빠진 것이 없는

그것이 완전한 것 가장

좋은 것이 완전한 것 아니라

자연이 그렇다면 인간도

완전한 현실만을 갖는가

악의 존재와 관련해서 말이다

악이 있어서 빠진 것 없이 완전하다면

어떤 불완전을 추구하는 것인가 인간은

악에도 목적인(目的因)이 있어

선으로 가는 신의 수단이 악인가

신의 역사(役事)는 불가사의

인간의 선, 유익이 완전하고

궁극의 진리라는 "불가사의" 말이다

신의 역사(役事)는 불가사의: God works in mysterious ways.

모나드(單子)
흠결도 완벽의 일부인가

단자(單子)의 바깥은 없다

모든 복잡이 내포된다

단자에는 나의 운명이

남과 세계와의 관계가 들어있다

원자처럼 극미한 것이랴

일체가 씌어져 있으나

그 크고 깊은 본질을 세세히

읽을 수 없어 예감이 작동한다

나는 단자에 갇힌 것이 아니라

일체가 구족(具足)인

단자의 완전성을 탐구하는 것

그 탐구까지 씌어져 있으리라

단자는 다른 단자가 필요 없다

나의 단자에는 다른 단자와의

관계까지 이미 내포되어 있다

존재와 삶과 운명과 관계를

한 단위로 아우른 듯한

물질이면서 비물질인

형이상학적 관념, 단자

신(神)은 너무 멀지 않은지..

3부

추
색

돌
아
온
것
만
같
은
바
로
그
만
의
색
조

추색: 秋色

사족: '거자필반(去者必返)'은 이런 건가 싶은, 한 존재 채울 만큼 무성한 마른 잎들 앞에서. 아픔과 위안, 슬픔과 기쁨을 한데 쥐는 그 "필(必)"에 대한 고마움 있다. 회자정리(會者定離)의 "정(定)"과 다른, 이정일체(理情一體)의 느낌.

김민기

추모의 현재성

시대 넘어

사사로운

짙은 어둠

챙기는

역주행

정주행

자만

법과

양심

자만

준거

아닌

조건

자만: 자기기만 自瞞

사족: 조건에 불과한 것을 준거로 삼는 습성 하나가 '법과 양심'
에 따른다는 것이다. '법'도 해석의 여지가 있으므로 그 적용의
실사구시에서 판관이 필요한 것인데, '양심'은 많은 사람이 스스
로 있다고 믿는 검증할 수 없는 것으로서 당사자가 공적(公的)
판단의 준거로 내세울 것이 못된다. 양심은 합리적, 이성적 판단
의 조건일 뿐이고 조건으로서도 되돌아봐야 할 불완전한 물건이
다. 조건일 뿐인 것을 자기행위의 준거로 내세우는 몰각이야말
로 이성과는 거리가 멀다. 이성이야 이미 확보했다 자부하는가,
자기성찰로써 도달해야 하는 것을...

쿠팡

기사

읽다

엄지

스쳐

좌우

전폭

사족: '납치광고'라는 말이 있다.

최명희

화백

일어난

꽃마당

토끼도

벅스도

한몸의

공동체

경이국

원주민

벅스: 스타벅스

경이국: 원더랜드 驚異國

그건가

실내의

폐화에

놀라는

꿈속의

우리는

그건가

폐화: 廢化

득명

넌

방식이라

네

방식으로

날

위한다니

득명: 得名
사족: 전형적 행태라 널리 이름을 알림.

146

석양

조양이

드문

이유

중양이

없는

이유

조양: 朝陽
중양: 中陽
사족: 말의 쓰임이 기준.

칠순

아내

생일이

컸다

더욱

자라기

바라

까마귀

먼저

튀어

나온다

새일

틈도

없단다

조/오

눈의

빗장

한 획

떼 낸

검은

투명

조/오: 鳥/鳥

오감도

까마귀

검은

눈이

검은

아해

짚는다

오감도: 이상(李箱)의 烏瞰圖

아해: 아이

시초

항상

뒤에

나와

먼저

있는

근성

혼돈

그건

파생

그냥

먼저

봄꽃

있다

사족: 사물의 세계에서 '분화 이전의 혼돈'은 따로 없다. '혼돈'은 분화 이후에 사념으로 생성되는, 파생. 다만 사념의 번잡한 혼란보다는 미분화의 사념, 혼돈이 낫다.

아침

아침

눈앞

작각

불구

난제

난제

작각: 昨覺 (어제 깨달은 바)
불구: 불구(不拘)하고

위로

봄은

의도

없이

온다

푸른

숲도

풍경(風聲)

미풍도 한껏

풍경도 한껏

소리에 어떤

자제도 없다

실낱과 같은

바람이 인다

적적(寂寂)

소식이

고요하다

단차가

있었던가

고요가

고요하다

단차: 높낮이 차 段差

한강

노벨상

별거냐

위에서

흐른다

한강이

있었다

등천(登天)

천왕봉

등천길

걸어간

돌아와

대작한

칠십세

대작: 對酌

와인

달려온다

내려온다

올라온다

간파한다

뱃속까지

넷속까지

넷속: 뇌 속

물동

사물

부린

아이

자리

잡은

꿈들

물동(物童): 파울 클레의 그림 '인 포지션'(In Position)에 대한 조어(造語)

먼동을 보아라
늦잠에 관하여

문을 열었는가

활짝 열리고는

문이 사라졌다

대명천지 백주

화들짝 수습할

육신이 앉았다

눈눈

부릅뜰

눈은

없고

부릅뜬

눈만

있어

딥 페이크

진짜 같은

같음의

심화

깊이가

가짜

페이크 딥

딥 페이크: deep fake

뇌 과학

'나'는

뇌가

만듦?

그리

아는

'나'도?

캡슐

살아서

드는

따뜻한

관(棺)

건너

옴

바칼

물과

소금

조개

면발

짙은

김치

바칼: 바지락칼국수 (영암 바다며느리)

폭우

높은

우울

뚫린

자기

집중

해우

해우: 解憂

이명

귓속

매미

사계

소리

겹친

여름

사계: 四季

배경

삶이

배경

죽음

울음

밖의

매미

우주

너를

잃는

마음

변심

없는

우주

자족

청계천

가는

보행용

천변

자전거

물입

자족: 自足

물입: 勿入

친서(親暑)

턱턱

숨 막히고

너와

몸 섞는다

범벅

뉘 뭐랄까

여행

잘

돌아

옵시다

낡은

속옷도

놔둔

집으로

핀에어

다 태운 뒤

고치려는

긴 시도

무섭

다

행이다

결항

플롬

바위를

뚫는

한 백년

절벽

기찻길

한 시간

피요르드

빙하가 낸

길이 있어

물도 뭍도

깊게 내려

이 사람들

가게 한다

노르웨이

폭포수

곳곳에

붙었다

직하에

들뜨지

않았다

직하: 直下

소확행

밤하늘

별인가

빛나는

불

확

실

전체

전체는

짧다

까마귀

난다

이락은

없다

이락: (烏飛)梨落

구체(具體)

삶에

자연에

삶을

자연을

척살한

순(筍) 돋아라

나무

나와 있다

비 밖으로

비를 들여

홍수도

사태도

들여

나와

섰다

사태: 沙汰

플라스틱

심해의 신비

파멸의 깊이

신비가 파멸하면

파멸이 신비인가

알 길 없다

딱 그 하나

유물(唯物)

무서운

평온함

전조는

아니지

상시를

버렸다

전조: 前兆

상시: 평상시 常時

ARROWHEAD
선무(鮮無)

나는 왜 이렇게 또렷이

없는 것이냐

탄성보다 빠른 촉 하나

또렷이 없다

과녁은 동요가 없는 자

살이 꽂힌다

탄성: 歎聲

본서 「이상(李箱)」에 붙이는 사족

　기간 졸저 『나의 먼지는 아름다웠다』의 「꽃나무」를 가져옴.

　이상李箱의 이상한 흉내에 대해: 꽃나무가 꽃을 피웠다면 꽃나무가 무슨 짓인가 했겠다 꽃을 피우려는 생각은 안 했어도 꽃을 피웠으니 헛짓을 한 것은 아니다 꽃나무는 제가 생각하는 꽃나무를 열심히 생각하지만 제가 생각하는 꽃나무에 갈 수 없기 때문에 꽃을 피워 가지고 섰다 나는 꽃나무가 하지도 않은 것을 흉내 내어 꽃나무 대신 막 달아나지만 꽃은 피울 수 없다 그런데 이 이상한 흉내가 이상하게도 만족스러워 나는 그만 안심을 하는 것이다

시집 소개

　일상의 사소한 것들 더러는 험한 것들과 나란히 가는 느낌이 있다. 조금이라도 튀어나가는 것은 뭔가 놓친 듯 어설프다. 자기로 나서지 않는 탈자(脫自)의 존재, 은거하듯 사물의 현상과 고르게 있는 존재가 있다. 툭하면 돌출하면서 기실 일상의 흐름에 쓸려가는 자아, 그 이전으로 물러선 자각 및 성찰의 자세를 '시의 은거'로 명명한다. 은거의 언어는 매우 단순하기도 하지만 서서히 곱씹기도 해야 한다. 의문은 섣불리 진부한 반응으로 튀어나가기보다 **주어진 언어의 기이한 자리에 머물 필요**가 있다. 시집 자서(自序)의 말대로, 의문은 제자리에서 정진한다. 말하고자 하는 바에 육박하는 과감한 선택과 수정 같은 것이 있을 뿐, 고의로 난도를 높여보는 따위의 어설픈 계산은 없다. 1부가 주된 부분이라면 2부는 산문의 느낌이 밴 것들, 3부는 최소주의식 언어의 경제로 일관한다. 더러 본문 아래에 붙는 '사족(蛇足)'은 그럴듯한 변명이다.

덧말

무릇 사람의 존재는 탈존(脫存)이나, 서로를 상대할 때는 불탈(不脫)이기 쉽다. 상대하는 나를 벗은, 절대의 차원으로 은거하는 시의 지점이 있다. 족적이 드러났기를! 기(旣) 독자 한 사람과 잠재적 독자에게. 그 존재가 고마운 아내에게.